AF266906

LA
COLONISATION ESPAGNOLE

PAR

JOSÉ DEL PEROJO.

(Conférence du 10 Septembre 1883.)

AMSTERDAM,
SCHRÖDER FRÈRES.
1883.

LA

OLONISATION ESPAGNOLE

PAR

JOSÉ DEL PEROJO.

(Conférence du 10 Septembre 1883.)

AMSTERDAM,
SCHRÖDER FRÈRES.
1883.

M ESSIEURS.

En me rendant à l'invitation de faire une conférance sur la Colonisation Espagnole, je compte sur votre indulgence. Votre hospitalité et votre amabilité si connus, me fortifient dans la tâche difficile que je me suis posée. Car, Messieurs, le fait de la Colonisation Espagnole, est un des plus grands de l'histoire moderne et je vais m'efforcer à vous l'exposer dans tout son eclat et toute son importance, qui malheureusement ont été si souvent méconnus.

Quelques remarques sur la colonisation en generale, me paraissent cependant nécessaires, avant d'aborder la question purement Espagnole.

On a dit de tout temps que les Romains etaient des maitres inimitables pour définir et classifier. C'est une verité bien établie, et même si elle ne l'était pas, nous aurions à l'admettre en ce qui concerne leur classification des colonies, qui reste toujours la meilleure et qui n'a pas été surpassée par aucun des ecrivains modernes.

Les Romains distinguèrent deux sortes de Colonies.

1º. Colonias ex seccessione conditas.

2º. Colonias ex consilio publico.

Les premières comprenaient celles, qui avaient été formées par des besoins particuliers ou des interêts privés. Les secondes sont celles dues à l'etat même, pour servir à ses interêts généraux.

Cette classification claire et précise a été suivie d'autres classification innombrables, telles que celles que nous devons à Robertson, Heeren, Roscher, Merival, Beaulieu etc., qui embrouillent plutot qu'elles n'éclaircissent le sujet.

En outre, leur système est bien loin d'être celui que l'on choisirait comme le plus juste.

Tous ces auteurs tombent dans la même erreur, en ce qu'ils se basent sur la condition extérieure des colonies dans un certain moment de leur histoire, erreur evidente, puisque la classification devrait être remodelée chaque fois que ces conditions changent, et personne n'osera affirmer, que les colonies soient condamnées à rester eternellement dans le même état.

Même la méthode proposé par Hubbe Schleiden, qui base sa classification sur les degrés de developpement intérieur de la colonie ne peut nous satisfaire quoiqu'elle marque un progrès; car lui aussi oublie qu'une colonie ne se forme pas par elle même et qu'elle n'est qu'un produit, un résultat d'autres facteurs.

La colonisation, Messieurs, c'est tout simplement l'ensemble des moyens employés par un peuple supérieur, pour inoculer sa culture à un peuple qui lui est inférieur sous ce rapport, inferiorité provenant de ce que ce peuple se trouve hors du courrant de la civilisation, ou bien, parcequ'il n'a pas lui-même les moyens nécessaires pour sortir de son état primitif.

Coloniser est donc synonyme avec civiliser, et la colo-

nisation avec la civilisation, puisque la colonisation a
toujours pour but, d'elever un peuple relativement inférieur au niveau supérieur de culture et de progrès, auquel
se trouve celui qui colonise. Il y a donc une évolution
ascendante, par laquelle la colonie passe successi-
vement par tout les degrès de civilisation, qui séparent
le peuple indigène de celui qui le pousse dans la voie
du progrès; c'est un chemin montant qu'il gravit plus
ou moins rapidement, suivant ses dispositions à accepter
la civilisation et suivant les facultés du peuple colonisateur, qui les lui transmet.

En resumé donc, coloniser c'est faire l'éducation d'un peuple inférieur, le préparer à la grande vie de la civilisation, c'est une o e u v r e d e p e d a g o g i e s o c i a l e.

Rien de ceci n'était tout à fait inconnu de Roscher,
lorsqu'il expliqua la formation des colonies, comme étant
l a p r i s e d e p o s s e s s i o n d ' u n n o u v e a u t e r-
r i t o i r e p a r u n p e u p l e p l u s o u m o i n s a n-
c i e n; ni à Hubbe Schleiden, lorsqu'il signala les trois
degrès de la vie coloniale. Tous deux cependant ont
commis des erreurs dans leurs classifications; le premier,
en admettant l'émigration comme second principe de
colonisation, le second, en cherchant les causes de l'évolution d'une colonie dans la colonie même.

Vous comprendrez donc, que je ne peux admettre, que
les colonies se divisent en militaires et emigrantes comme
le voulait Robertson, ni en quatre catagories compliquées,
comme celles de Heeren, ni en colonies de conquête, colonies
mercantilles, agricoles et de plantations, suivant Roscher;
encore moins puis-je accepter la division de Le Roy Bau-
lieu qui n'admet que les trois dernières catégories établies

par Roscher. En un mot je dois rejeter toute classification qui laisse de côté, les deux principaux facteurs de
toute colonisation: les conditions du colonisateur et la
nature du colonisé.

Je vous ai dejà dit, Messieurs, ce que j'entends par
colonisation. Eh bien, si coloniser est, comme tout le
monde doit l'admettre: faire l'éducation d'un peuple jeune,
gagner, pour ainsi dire, des contrés à la cause de la civilisation; c'est une entreprise si grande et si difficile, qu'il
n'y a que l'Etat qui puisse la tenter. Dans une telle
entreprise l'Etat peut être guidé, soit par des motifs
d'interêts privés, ou par des motifs plus élevés: les
interêts permanents de sa politique. Dans le premier cas,
l'état a égard seulement aux exigences des particuliers,
dans le second cas, c'est l'interêt général qu'il considère.
D'un coté donc, il cause le bien-être de certains individus;
de l'autre, celui de l'humanité entière. Il crée des colonies
m e r c a n t i l e s ou des colonies p o l i t i q u e s. Vous
voyez donc qu'avec une legère amplification de la classification des anciens, nous arrivons à un système parfaitement applicable aux colonies modernes.

La colonisation, qui vient en quelque façon combler
les vides, que la marche de la civilisation a laissés dans
l'histoire de l'humanité, nous montre dans sa propre
histoire, l'histoire de la colonisation, l'existence continuelle
de ces deux motifs qui poussent les peuples à coloniser,
le motif mercantile et le motif politique. Cette histoire nous
fait voir, qu'un peuple ne peut pas coloniser alors qu'il
le desire, mais seulement à de certains moments de son
developpement et ces moments sont ceux, dans lesquels
il se trouve dans la plenitude de sa vitalité nationale,

de même, que dans la vie des êtres, la nature fixe l'epoque
de la reproduction.

Je n'ai aucument l'intention, de vous entretenir, de l'histoire des peuples qui ont colonisé, ni des moments histoiriques
dans lesquels ils l'ont fait. Tout le monde sait, ce que
les historiens nous disent, concernant les colonies des
Phéniciens, des Grecs et des Romains; vous me permettrez pourtant, que je m'arrête quelques instants, à l'examen d'un grand peuple colonisateur. J'y suis contraint
par deux raisons: celle de payer une dette à l'histoire, et
celle de poser l'antécédent ethnographique des principes,
que j'ai l'intention de vous exposer plus tard.

En parlant des peuples colonisateurs les écrivains ont
tous commis une impardonnable ommission, en ne pas considérant les Arabes et l'aptitude de ce peuple pour la colonisation. Cet oubli parait d'autant plus extraordinaire quand on
considère que les Arabes sont ceux, qui ont propagé, avec
la plus grande éficacité, leur culture, leur civilisation et
leur race, et qu'il est difficile de trouver dans l'histoire
un autre peuple, qui en si peu de temps, ait civilisé un
plus grand nombre de peuples inférieurs et qui ait répandu, avec tant de succès, les germes de sa civilisation
sur le surface du globe.

La race arabe, est une race colonisatrice de premier
ordre, elle possede des conditions et des facultés que l'on
ne trouve pas ailleurs.

La part que la race arabe a prise dans l'histoire est
de la plus haute importance et son influence a été mate-
rielle, dans la marche de la civilisation.

Imaginons pour un moment que les Phéniciens, les
Romains et les Grecs, n'aient eus aucune Colonie; quelles

seraient les conséquences ? Nous verrions les progrès de l'humanité restreints à une surface moins grande, mais au fond il n'y aurait aucune modification essentielle. Grèce et Rome seraient les mêmes avec ou sans colonies.

Par contre sans les colonies arabes en Europe et plus encore sans sa civilisation ; que serions nous ? Que serait notre culture ? Et la civilisation grecque, n'est-ce pas les Arabes qui nous l'ont fait connaitre ? Où en serait l'humanité sans eux ? Dieu sait, quel chemin elle aurait suivi et nous tous, nous ne sorions peut-être encore que les esclaves des premières necessités de la lutte pour l'existence.

Au moment de la chute de l'Empire Romain, l'Europe, aujourdhui si civilisée, fut en proie à la barbarie. Souvenez-vous de l'etat intelectuel déplorable dans lequel se trouvèrent les peuples dans les premiers siècles du moyen-âge. Un epais brouillard couvrait toutes ces contrés. Le barbare n'était instigué que par ses appetits grossiers ; sa seule loi était l'égoisme, ses idées l'instinct et sa raison la force. Les combats continus, semblaient devoir être la condition normale de l'Europe. Au milieu des ténèbres surgit, dans l'extrême occident, la lueur d'une nouvelle civilisation emanant des Arabes Espagnols et ses vifs reflêts devaient rompre le nuage, où tout était enseveli.

Combien ne devons nous pas à ces fils de l'Islam et a Cordoue, la capitale Espagnole, répandant par toute l'Europe la science et le feu sacré des arts. Comparez cette brillante civilisation avec l'etat des autres parties de l'Europe !

Parcourrez les pages des Analectes d' Al-Makkari, que je choisis, pour vous exprimer la reconnaissance

que tous les Espagnols gardent pour la memoire de votre
illustre professeur Dozy et pour votre Université de
Leyde, de tout ce qu'ils ont fait, afin de répandre, dans
le monde savant, la connaissance de l'influance de la civilisation arabe, „de cette civilisation, dont l'importance,
„n'est pas encore assez appréciée de ceux, qui étudient
„le developpement de l'esprit humain", comme dit Gustave
Dugat.

Dans les pages des ces analectes nous voyons ce que
Cordoue était déjà l'an 950. Seulement le catalogue de
sa bibliothèque, se composait de 44 forts volumes in folio.
On y trouvera une déscription de la sage administration
de justice de l'epoque, de toute l'organisation politique, et
surtout de l'état florissant des lettres, de la science et des
arts. Nous voyons que Cordoue était une ville de plus
d'un million d'habitants, d'après les calculs que l'on peut
faire en se basant sur les donnés de 100,000 maisons,
80,455 boutiques, 1600 mosquées, 700 bains publics et
30,000 d h i r a s (condées) de circonférence. Il nous a
fallu neuf sciècles, pour bâtir de nouveau, des villes qui
puissent se comparer à celles que les Arabes ont créées,
lorsqu'ils avaient à peine occupé la peninsule pendant
deux sciècles. Quelle ville, Messieurs, que celle de Cordoue, au milieu du dixième sciècle. Il y florissait la jurisprudence et la philosophie, la medicine et l'astronomie,
l'architecture, la poesie, la musique, en un mot toutes
les sciences et tous les arts. Là, les universités et les
monuments, la science et l'art pronostiquaient à l'Europe
barbare, que l'humanité ne devait pas perir dans la terri-
ble crise, par laquelle elle passait; l'Europe, qui semblait
n'avoir d'autre occupation que d'achever la destruction

du cadavre de l'Empire Romain, auquel les doctrines du Nazarin mêmes, ne pouvait rendre la vie.

C'est cette civilisation, Messieurs, qui répand dans l'Europe le culte de la science et l'amour de l'art. Dans les ecoles arabes l'Europe, étonnée, apprend la jurisprudence, la philosophie et les autres sciences.

Eh bien, Messieurs, qu'est-ce qu'ils etaient ces Arabes ?

Ces Arabes Espagnols etaient tout simplement les colonisateurs, les civilisateurs de la Péninsule Iberique. Leur établissement en Espagne a tous les caractères que l'on peut demander à une véritable colonisation et il est une grande injustice, d'oublier les Arabes, en parlant des peuples colonisateurs. Car en Espagne, et partout ailleurs, ils ont demontré plus d'aptitude, que tous les autres peuples. Nous ne pouvons pas nous expliquer que des ecrivains comme Adam Smith & Roscher aient gardé le silence sur ce grand peuple Arabe, lorsqu'ils nous parlent même des colonies qu'Alexandre a établies en Perse.

La race arabe possède des qualités, partagées par aucun autre peuple avant eux, et ces qualités sont tellement apparantes, qu'elles sautent immediatement à la vue dans tous les pays qu'ils ont colonisés et civilisés. La première de ces qualités, est celle de ne pas rester etranger au peuple qu'ils assujetissent, sans se reserver de privileges et sans établir de séparation. Au contraire, ils ont toujours une tendance de s'amalgamer et de s'adapter aux indigènes des pays qu'ils dominent. Et cette fusion d'une race supèrieure à une race inférieure ne pouvait avoir d'autre resultat, que la prédominance de la plus forte. Les lois sociologiques etablissent du reste, que dans la concurrence sociale, c'est toujours la race la plus intelligente et la plus civilisée qui doit dominer.

La race Arabe a un don subtil, tout a fait extraordinaire, pour s'introduire dans la plus grande intimité des
peuples qu'ils assujetissent, et nous les voyons, comme
aucun autre peuple, propager sa langue, implanter sa religion et imposer son code. Ceci constitue déjà une très
grande faculté, que les Arabes doivent à leur nature même,
et à laquelle vient se joindre un autre avantage, non
moins important, qui provient de leur réligion.

Le fait que le Koran, qui contient tout un code social
et politique, sufisant non seulement, pour tous les actes de la
vie, mais encore pour les actes religieux, leur a donné une très
grande force pour leur mission civilisatrice. Le Koran en
effet, n'etait pas seulement pour eux le moyen de propager
leurs rites religieux, mais aussi de provoquer dans les esprits, une adhésion complète à toute leur civilisation, et
par conséquence aussi, à toute leur organisation sociale
et politique.

Les Arabes possédaient ainsi, dans les dons qui sont
inhérents à la race et dans le caractère spécial du Koran, deux moyens très puissants, contre lesquels aucun
peuple inférieur ne pouvait resister. Ainsi partout où ils
se sont implantés, que ce soit par des motifs mercantils
ou qu'ils y furent poussés par leur ardeur de conquête,
partout et toujours, on les voit prédominer parmi les
peuples.

C'est en Espagne surtout que l'on peut le mieux
juger toutes les qualités des Arabes, la peninsule étant
la mieux conditionée, pour leur developpment. Considerons donc, un instant, les Arabes en Espagne et laissons

de côté les autres centres de leur civilisation. Qui sait
mieux que vous, en Hollande, par vos colonies, jusqu'où
cette civilisation s'est étendue, et aussi les facultés qu'elle
a de resister, même de nos jours, à de grandes races et
de grandes civilisations. En considérant, specialement, les
Arabes Espagnols, il ne nous restera plus de doute de
leurs factultés de colonisation et nous verrons en même
temps, comment ils ont transmis ces facultés à leurs
heritiers les Espagnols.

La première période de l'occupation des Arabes, est une
période coloniale, dans le sens le plus rigoureux du mot.
On y voit l'Espagne, assujetie aux Emirs de l'Ifrikia
et aux Califes de Damas. Gouverneurs, fonctionaires publics, administration, armée, tout enfin qui constitue
l'organisme d'un état, tout cela se trouve dans la dépendence la plus complête, d'un pouvoir étranger, hors du
territoir dans lequel il fonctionne. Les contributions, les
impots et les gavelas (charges) sont elevés pour la
mère-patrie, au delà du détroit. Rien ne se passe dans
cette première periode, qui ne soit consistant avec tout
gouvernement colonial, et ceci dure jusqu'au jour, où ils
se declarent independent du pouvoir central et erigent,
avec Abd-ar-rahman, le califat de Cordoue.

Maintenant, je vous demande, comment et pourquoi, les
Arabes Espagnols, sont devenus indépendants.

Cette indépendance est une phase naturelle dans
toute histoire coloniale, et nous la voyons se repeter dans
toutes les colonies Arabes, et cela d'une manière plus
certaine qu'ailleurs, vu la nature même de leur colonisation.

L'Arabe en se fusionant plus que tout autre avec le
peuple qu'il domine, donne à son déscendant toute la force

et l'énergie de sa nature ; son indomptable fierté, et ce ferme attachement à la terre où il est né. Il arrive donc, un jour où ce déscendant oublie les liens, qui unissaient ses pères à la mère-patrie.

C'est une erreur de supposer, comme le font beaucoup d'historiens, que l'Espagne, était seulement occupé militairement, par les Arabes. Au contraire, fidèles à leur traditions, ils se sont mêlés aux idegènes, formant un nouveau peuple, dont la civilisation était Arabe sous tous les rapports. S'il faut une autre preuve de ce que nous soutenons, nous n'aurions qu'à ajouter, qu'il y avait dans la peninsule environ vingt millions d'habitants, considerés Arabes et qu'il est impossible de supposer, qu'eux tous ou même le plus grand nombre d'eux, soient venus de l'Orient.

Messieurs, après tout ce qui a été dit, il ne peut plus vous rester de doute sur les facultés essentiellement colonisatrice du peuple Arabe, du peuple Arabe qui a une tendance marquée à se croiser avec les peuples conquis ; et de même, sur le fait, que ce peuple possède un des élements les plus puissants pour civiliser. Que les Espagnols soient les descendants et heritiers des Arabes et en aient conservé les grandes qualités colonisatrices, cela se deduit de ce que nous avons dit, et ne necessiste pas d'autre commentaire.

Néanmoins, quelques historiens ont consideré cette fusion impossible, à cause de la différence des réligions ; nous pourions pourtant dire, que cette différence ne s'accentua, que lorsque la fusion s'était déjà accomplie, qu'elle fut plutôt une différence de forme, que de fond.

La lutte, entre l'Islamism et le Christianism, en Espagne,

dura, comme vous le savez, près de huit sciècles et cette durée même est une preuve qu'il ne s'agissait pas d'une lutte de race, mais bien de deux idéals réligieux entre lesquels il devait avoir, et effectivement il y avait, des points intermédiaires; cette lutte n'affectait en rien la race même.

Les M u d e j a r e s et les M u z a r a b e s, noms par lesquels on désignait ceux qui étaient les plus refractaires aux doctrines de ceux parmi lesquels ils vivaient, ne sont autre chose, que les stages de transition. La fin de cette lutte a été la conquète de Granada, qui doit être considerée, comme la victoire décisive du Christianism sur l'Islamism, dans la Peninsule. Après ce triomphe, notre race ne croit plus à Mahomed, mais seulement au Christ ; mais pour cela, nous ne sommes pas moins Arabes dans nos sentiments et dans nos idées. Dans tout ce qui suit dans notre histoire, dans nos habitudes, ainsi que dans nos arts, partout, vous trouverez que le trait fondamental de notre caractère, est Arabe. Une des meilleurs preuves, c'est l'existence dans notre langue, de milliers de mots et expressions arabes, comme l'a si bien constaté Engelman, votre savant si regretté.

Quel changement, Messieurs, que celui, qui se fait dans les opinions acceptées! Il n'y a pas longtemps, que les ecrivains Espagnols, s'efforcaient encore, à trouver des raisons artificielles pour nier cette orgine si glorieuse.

Nous voici arrivés, au moment, où je crois pouvoir vous parler du système colonial de l'Espagne, et vous ne vous etonnerez pas que je commence par me plaindre, non seulement de ce que ce système ait été méconnue, mais encore, des erreurs faites par les écrivains, qui traitent avec autorité de ce système, quoiqu'ils n'en possèdent pas les connaissances les plus élémentaires ; ignorant la langue, l'histoire et les lois, des pays dont ils parlent. Comment s'expliquer autrement, qu'il a été possible, qu'un auteur des plus en renom, ait pu oser affirmer, qu'aucun peuple n'etait moins fait pour coloniser, que le peuple Espagnol? Il parle, Messieurs, de l'Espagne sous Charles V! Ou, que l'on ait dit aussi, que l'Espagne n'avait voulu que fonder une socicté vieille dans une contrée neuve?

Heureusement, Messieurs, il y dans le monde quarante sept millions d'individus, qui dans une même langue, celle que nous leur avons apprise, donneront le démenti le plus éloquent à de telles affirmations. Ce fait seul suffit, et je n'ai donc pas besoin, d'y ajouter l'autorité de Macaulay, et de tant d'autres grands penseurs.

En étudiant la colonisation Espagnole, la première chose qui nous frappe, c'est son analogie avec celle des Arabes. Nous remarquons desuite, que l'Espagnol possède toutes les qualités que nous avons signalées chez ses ancêtres les Arabes, et que son premier élan, est aussi de s'approcher des indigènes des contrés, qu'ils occupent. Un de nos plus illustres capitaines en a donné l'exemple en epousant la fille de Moctezuma, Grand Empereur des Astèques, du Mexique.

Les marriages entre Espagnols et indigènes devirent habituels et bientôt, il se forme un nouveau peuple, produit de ces races.

Ce nouveau peuple se developpe et bientôt l'humanité doit enregistrer l'existence, dans le monde civilisé, d'une multitude de nouvelles nationalités, sous les noms de Mexicain, Peruvien, Chilien, Brézilien etc., ayant notre langue, notre réligion, notre code et nos moeurs et qui ont dans leurs veines, notre sang et notre genie.

De cette Espagne, qui, seule au monde, a pu réaliser le prodige de produire tant de civilisations, changeant et transformant les races les plus variés sur la surface de la terre, de cette Espagne on osé dire, qu'elle ne sait pas coloniser. Cette Espagne, qui a su transporter au delà des mers, sa langue, son code et sa réligion, qui s'est tant reproduite et qui a répandu son genie avec une telle prodigalité, qu'a un moment donné, epuisée, elle a risqué de s'extenuer elle-même; dire qu'elle ne sait pas coloniser, c'est lui faire un affront semblable à celui que l'on ferait a une mère, acusée d'etre stérile, alors qu'elle sacrifie la vie de ses enfants, sur l'autel de la patrie. Non, c'est une grande dette que la civilisation doit à ce pays, et à cette noble nation.

Considerez, Messieurs, les differents points du Globe qui ont été colonisés par la race Espagnole et dites moi, où vous pouvrez en trouver un autre qui, comme elle, a eu les facultés de créer de nouvelles civilisations? Partout, vous trouverez le ge'nie de notre civilisation, mais d'un autre côté, vous trouverez, que chaque colonisation porte son caractère spécial suivant l'element ethnographique indigène au territoire. Cette variation dans nos differentes colonisations nous est tellement propre, qu'aucun autre peuple n'a pu arriver à la produire.

Me basant sur ceci seul, je peux déjà affirmer, que la nation Espagnole est, au point de vue ethnographique, la plus grande nation colonisatrice des temps modernes, Vu ses qualités ethnographique notre peuple a un des plus grands avantages pour la colonisation, et cet avantage il le tient de son origine Arabe, c'est de prévaloir par sa force et son energie quand il se trouve en concurrence avec les races inférieures. La race est donc un des élements pricipaux dont nous devons tenir compte pour comprendre la philosophie de notre histoire coloniale.

Cet elément ethnographique est d'une si grande importance, que quoiqu'il ne suffise pas par lui-même à accomplir toute l'oeuvre de la colonisation, il y a des cas où il y entre pour une telle part, et s'impose d'une telle façon, qu'on dirait qu'il est suffisant.

Nous n'avons pas à aller loin pour trouvrer un exemple. Je veux parler de l'Algerie, où l'element espagnol est envisagé avec alarme par les Français,

Entendez ce que je vais vous lire dans les oeuvres de Mr. Leroy Beaulieu, temoin qui ne peut pas être soupconné de partialité envers les Espagnols:

„La multiplication du nombre des Espagnols (en Algèrie) inspire des craintes à beaucoup de publicistes et de politiques. On est tenté de nous appliquer le fameux dicton : *Sic vos non vobis*. Les conquête que nous faisons, les capitaux que nous prodiguons, d'autres en profitent, les Espagnols, les Italiens, L'Espagnol, à écrit un statisticien, est avant tout le colon né de notre Algérie. A l'appui de ces observations pessimistes ont fait remarquer qui de 1872 à 1876, le nombre des Espagnols s'est accru de 21,144, tandis que celui des Français gagnait seulement 26.764. Or le chiffre initial des Français était presque double de celui des Espagnols. Dans la période de 1876 à 1881, si les massacres de Saïda n'étaient intervenus, qui ont fait refluer en Espagne une partie des immigrants de cette contrée, il

2

est fort probable que l'augmentation du nombre des Espagnols aurait dépassé celle du nombre des Français. Les chiffres du recensement de 1876 suffisent cependant aux prévisions alarmantes. Dans le territoire civil de la province d'Oran les Français ne comptaient que pour 43,516, tandis qu'il ne s'y trouvait pas moins de 69,131 étrangers. En localisant encore d'avantage, dans l'arrondissement d'Oran il y avait 45.107 étrangers, en grande majorité Espagnols, contre 22.717 Français."

Plus éloquent encore que ce que vous venez d'entendre sont les statistiques du docteur Beaufumé par lesquelles nous pouvons faire une comparaison entre la race Espagnole et les autres races, qui se trouvent en concurrence vitale en Algérie. Sur chaque 1000 colons en Algérie, voici les decès et les naissance par ans.

	Naissances	Decès
Espagnols	46	30
Maltais	44	30
Italiens	39	29
Français	41	43
Allemands	31	56

Il se trouve en Algérie 135.000 Espagnols, 200.000 Français et environs 80.000 habitants d'autres nationalités. L'emigration et l'immigration seules empêchent, donc que l'Espagnol, soit la race dominante de l'Algérie.

Je vous ai cité cet exemple, pour vous montrer la vitalité de notre race, hors de la mère patrie, element si essentiel à la colonisation. Mais il n'est pas le seul facteur dans notre colonisation ; j'ai à vous signaler maintenant le facteur fondamental sur lequel notre systèm colonial repose c'est: L e p r i n c i p e p o l i t i q u e.

Ce principe n'a d'autre but que les intérêts généraux de l'état, de l'humanité, dans le sens le plus large, du mot auquels tous les intérêts privés sont secondaires. Ceux qui cherchent dans tout systéme l'utilité personnelle et immédiate, ne peuvent facilement se rendre compte de but gouvernemental si elevé et il leur arrive ce qui est arrivé a Adam Smith ; ils ne peuvent pas se penètrer de notre système colonial.

Dès le premier moment où nous nous sommes fixés en Amérique et que par conséquent notre système commençait à se former on voit dans toutes les dispositions legislatives un desinteressement si prononcé, qu'il n'est pas facile au premier moment de se rendre compte du but, à moins que l'on ne se place au point de vue politique. Dès le premier moment, on voit l'état, jaloux de tous les élements individuels qui l'entourent, leur céder aucun privilège qui puisse d'aucune façon amoindrir son influence sur le nouveau territoire. On dirait que l'etat agit avec la plus complète conscience de ce qu'il n'a qu'une mission purement civilisatrice et non pour causer la richesse des individus ou des corporations qui tentent à s'imposer à lui. Le but de l'etat était de civiliser, de lever le niveau intellectuel des habitants de ces contrés, et les conduire au progrès d'une civilisation qu'ils ne possédaient pas.

A côté de l'état, l'ambition et la cupidité des particuliers s'agitaient ainsi que le prosélitisme du clergé et la fierté des conquérants. Il sut resister a toutes les invasions que les uns et les autres voulaient faire dans le domaine de ses prérogatives.

Les principe politique du système colonial Espagnol se

trouve tout entier contenu dans la série des O r d e n a n-
z a s r e a l e s , promulguées par la couronne sur l'avis du
Conseil Royal et suprème des Indes. Ces lois ont été
compilées sous le noms de L e y e s d e I n d i a s en
1681, sous le règne de Charles II, le dernier des Habs-
bourg en Espagne.

Ce sont les L e y e s d e I n d i a s qu'il faut étudier
si on vent bien connaître notre système colonial. On
peut dire que l'esprit général de toutes ces lois est toujours le même: celui de la civilisation.

C'est dans l'ecole, la commune et l'église, que notre
système trouve ses trois points d'appui fondamentaux
pour communiquer la civilisation aux peuples gouvernés.

La première chose était de proteger les indigènes contre
la rapacité des uns et des autres et d'en faire les égaux
des Espagnols. Ces lois mettent des barrières infranchis-
sables contre les attaques sur l'etat et elles égalisent aussi
la position de l'indigène et de l'Espagnol, au lieu de faire
d'eux une race privilegiée et une race desheritée, qui, suivant une phrase classique, ne pourrait jamais s'assoir
au grand banquet de l'humanité.

Nous avons nommé les trois bases du système colonial
espagnol : l'enseignement, l'administration et la religion.
Presque toutes les lois des Indes ont été faites pour fortifier ces grands leviers de la civilisation, ces grands
principes de notre colonisation. Ces lois sont faites avec
une telle sagesse que l'on y a pris les plus grandes précau-
tions pour que ni l'ecole ni l'administration ni l'eglise
ne dépasse sa sphère d'action, comme il a été si souvent le cas avec le clergé, qui, plus d'une fois, essaya
d'etablir une préponderance absolue et d'implanter un

régime tout à fait théocratique, comme le voulait, Las Casas. L'état savait ténir compte de l'importance de l'église dans l'oeuvre de la colonisation, mais il n'ignorait pas, qu'il s'exposait à des dangers s'il admettait un clergé trop prépondérant. La couronne mit donc le clergé dans la dépendence la plus absolue par le p a t r o n a g e r o y a l, par lequel le Roi devenait le seul chef veritable de l'eglise aux Indes.

Un des défenseurs les plus jaloux de cette suprémacie c'etait précisement Philip II. Voici la loi qui s'y rapporte:

„Vu que le droit de patronage éclesiastique Nous ap-
„partient absolument dans tous les états des Indes, aussi
„bien parceque ces nouveaux mondes ont été découverts
„et conquis et que l'on y a bâti et doté des eglises et
„des monastères à nos frais, et à ceux de Sieurs les
„Rois Catholiques nos prédecesseurs ; ainsi que parcequ'il
„nous à été donné des bulles par les grands Pontifs d e
„p r o p r i a m o t u pour sa conservation et pour
„exercer la justice qui nous y incombe. Nous
„ordonnons que ce droit de patronage dans les
„Indes, unique et i n s o l i d u m soit toujours reservé à
„Nous et à Notre couronne royale de laquelle elle ne
„pourra jamais être detachée ni en totalité ni en partie
„etc. etc.

Il menace de peines terribles „toute personne laïque
„on eclesiastique, ordre ou couvent, religion ou communauté
„peu n'importe quel etat, condition, qualité ou position
„judiciaire ou extrajudiciaire, dans n'importe quelle condition
„ou pour quelque cause, qu'elle ait osé se mêler des affaires
„qui ont rapport ou susdit patronage royal eclesiastique."
(Vide Ley. I. Lib. I. Tit. 6.).

Les lois des Indes se préoccupent fortement de la conversion des Indiens au Christianisme, mais elles ne permettent pas qu'on se serve de moyens violents, mais seulement de la persuasion ; et lorsque le clergé, trop zelé, veut accélérer cette conversion par des moyens de l'inquisition, il se heurte contre des lois aussi politiques que celle qui portent le numero IV dans la compilation dans laquelle il leur est absolument interdit d'employer la force avec les indiens infidèles, on recommande au contraire la plus grande douceur et on essaye de les attirer par des fêtes et de bons traitements à des endroits où il se trouvent d'autres indiens convertis. „Afin que „une fois tous réunis, on puisse leur prêcher la doctrine „chrétienne; et qu'ils puissent l'entendre avec une plus „grande vénération et admiration, qu'ils (les prêtres) soient „revêtus ou moins de l'aube ou du surplis avec le stolle „et la sainte croix entre les mains, et que les chretiens „s'y trouvent dans le plus grand receuillement et avec la „plus grande vénération, pour que les indigènes infideles „désirent les imiter et être aussi enseignés. Et si l'on „croyait, que ce serait utile, on pourrait, pour augmenter „l'admiration et l'attention, employer la musique d'artistes „et de chanteurs, afin de causer des réunions d'Indiens et „par ces moyens les faire sortir de leur état barbare, les „adoucir, les pacifier et attirer ceux qui se trouvent en „guerre avec nous. Et que par ces moyens et tout autres „moyens aussi convenables, le clergé s'efforce de pacifier „et de convertir les naturels de façon a ce qu'ils ne „puissent souffrir aucun mal, en aucune façon et en aucu- „ne occasion; car tout ce que nous désirons c'est leur „bien et leur conversion.‟

Cette ordonance émimement politique et tolerante, est signé par le roi Philip II le 13 Juillet 1573, au moment même où dans ces pays ci il montrait l'intransigence la plus féroce. Ce document avec bien d'autres, decretés par lui pour les Indes, sont une preuve pour les historiens de ce que Philip II n'est pas encore suffisament connu, si on veut voir dans ses actes son caractère personnel. — Aux Indes et en Europe, il a toujours été guidé par des calculs et des intérêts dynastiques ou politiques.

Vous pouvez juger par vous mêmes, Messieurs, qu'elle est l'esprit général de ces Lois des Indes. En même temps qu'elles indiquaient les moyens à employer dans une grande colonisation, elles formaient par elles mêmes, une digue à laquelle se heurtèrent le particularisme, ainsi que les maux et les abus qui existent toujours à une telle période historique.

Il est curieux de voir comment dans toutes ces lois, les interêts privés de toutes sortes restent subordonnés au but supérieur que l'Etat se propose d'atteindre. La constance de ces lois est due en grande partie à la nature de la constitution du conseil que le Roi avait auprès de lui, pour toutes les affaires coloniales, le Conseil Royal et suprème des Indes. Ce Conseil fonctionnait depuis 1511 et la majorité des membres, était des juriscousultes, des hommes loin de l'arène des luttes et qui s'inspiraient donc plutôt des idées humanitaires et de justice, que de motifs de bénéfices ou d'intérêts personnels. Cette circonstance vous explique l'uniformité du plan politique des Lois des Indes.

En outre, la couronne considérait que le gouvernement

et la legislation des Indes lui appartenait absolument,
parceque c'était elle qui devait réaliser l'oeuvre de la
civilisation du Nouveau Monde. Nos rois se disaient :
Rois des Indes, Reyes de las Indias, et Rois des Espag-
nes, Reyes de las Espanas. Ils se considéraient comme
gardiens des prérogatives de ces territoires et se mon-
trèrent jaloux de tout personalisme et de tout particularisme, même chez les grands conquérants comme Colomb,
Cortes et Balboa, auquels ils crurent nécessaires d'envoyer
les émissaires Bobadilla, Mendoza et Pedrarias, pour leur
rappeler leur dépendence.

Vous comprendrez facilement maintenant, Messieurs,
qu'il était incompatible avec notre système, qu'il y eut
des compagnies mercantiles. Non seulement l'Etat
n'avait pas besoin d'avoir recours à l'entreprise privée,
pour coloniser les pays découverts et conquis ; mais il
aurait consideré la moindre concession de ce genre, comme
portant atteinte à ses plus hautes prérogatives et contraire
à la mission civilisatrice à laquelle il se croyait appelé.

Le but constant de la couronne de Castille était
d'accélérer par tous les moyens possibles l'éducation
morale et intellectuelle des naturels du nouveau
monde. Au lieu de les livrer demi-sauvages encore
à la merci de la cupidité des exploiteurs, l'état les prend
en tutelle et déclare nuls et invalides tous les contrats
dont'ils auraient pu être dupes. De tout côté il repend
la lumière de l'instruction comme la meilleure de toutes
les garanties et comme le moyen le plus sûr pour avan-
cer dans le chemin du progès et de la civilisation.

Je veux, Messieurs, vous lire une loi, de laquelle, je vous
prie de remarqeur le contenu et la date, car elle procède

du grand Empereur Charles Quint, en 1551 et decrète la formation de deux Universités:

„Pour servir Dieu notre maitre et le bien public de „nos royaumes, il convient que nos vassaux, sujets et „naturels y aient des Universités et etablissements d'études „generales, où ils puissent s'instruire et graduer dans „toutes les facultés. Et par le grand amour et affection „que nous portons à nos royaumes des Indes, que Nous „désirons honorer et favoriser en exilant les tenêbres de „l'ignorance, Nous créons, fondons et construisons dans la „ville de Lima du royaume du Pérou et dans la ville de „Mexique, dans la Nouvelle Espagne, des Universités et „études générales; et Nous le considerons bon et accor- „dons à toutes les personnes qui auront été gradué à ces „Universités la jouissance dans nos Indes, Iles et Con- „tinents de l'Ocean, de toutes les libertés et avantages „dont jouissent dans ce Royaume ceux qui viennent de „l'Université et études de Salamanca.

Il est impossible, Messieurs, de trouver dans l'histoire de la colonisation d'aucun peuple un document aussi glorieux que celui que nous venons de citer. Mais il y a encore quelque chose de plus important que l'établissement de ces universités dans nos colonies, c'est le soin que l'on a mis d'empêcher que l'enseignement ne tombat exclusivement entre les mains des prêtres. En effet, c'est Philip II encore, qui est l'auteur des lois qui doivent y rémedier. (Le y VI, et LII. Lib. I. Tit. 22) en faisant que les recteurs de ces Univer- sités soient, tour à tour, une année laïque et une année ecle- siastique et déclarant nuls et sans valeur les grades confèrés par le Collège de la Compagnie de Jesus.

Je crois qu'il suffit, de ce que nous avons dit, pour que

vous puissiez vous former une idée de nos Lois des Indes.

Si aux principes politiques contenus dans ces lois, vous ajoutez les qualités ethnographiques que nous avons d'abord signalées, et que vous appliquez l'action de ces deux facteurs aux pays conquis, vous aurez, Messieurs, une explication de tout notre système colonial. Ceci peut se résumer ainsi : l'origine sémitique de notre race et l'esprit politique de notre code des Indes.

Notre oeuvre colonisatrice étant arrivé à son terme nous pouvons examiner froidement toute la portée qu'elle a eue. Vous me permettrez donc de vous dire qu'en la contemplant il est parfaitement légitime pour tout Espagnol, de sentir battre son coeur de fierté et que c'est avec satisfaction qu'il porte sa vue sur l'immense contient Americain, peuplé par cette quantité de nations civilisées, qui sons leurs differents drapeaux, conservent ce qu'ils ont de nous. Nous nous y retrouvons nous mêmes, nous y parlons notre langue, nous y pratiquons notre religion, nous y suivons nos propres lois. De quel pouvoir n'-at-il pas fallu qu'un peuple soit imbu pour arriver à un tel résultat. Si nous avons eu des Ercillas et des Camoens pour immortaliser les gloires de nos conquêtes, il faudrait un autre Homère pour chanter cette grande epopée de la civilisation.

Si l'Espagne est arrivée à un aussi grand resultat, comme celui de donner au monde et à la civilisation un nombre si important de nationalités elle le doit exclusivements à ses grands dons colonisateurs. Ces nombreux foyers de la culture qui n'ont pas encore atteint tout le developpement dont ils sont capables arriveront dès qu'il pourront épanouir tous les germes de civilisation qui se trouvent en état latent dans la période que ces peuples traversent en ce moment. Quoique ces peuples se trouvent encore dans les premières années de leur vie autonomique, l'humanité à déjà cueilli chez eux bien des fruits dans les champs des arts, de la science et de l'histoire.

La superiorité, du système colonial Espagnol consiste donc en ce qu'il est entièrement politique et qu'il se tient à l'écart de tout ce qui est mercantil. Je ne voudrais pas que mes paroles vous fassent croire que je suis un enemi declaré des tendences mércantiles, au contraire, je suis le premier à reconnaitre toute l'importance qu'a le commerce dans la vie des peuples mais cela n'empêche pas que je trouve que dans les colonisations celle qui se fait d'une manière mércantile est inférieure à celle qui est purement politique.

L'histoire nous prouve en outre que là où il s'etablit une colonie mércantile une nouvelle nation ne se developpe que très rarement, fait constaté par Roscher et d'autres ecrivains en matière coloniale. Par contre une colonie politique ne développe pas seulement un peuple qui peut exister de lui même mais qui arrive à un moment à présenter les avantages materiels d'une colonie mercantile. Comme preuve ou n'a qu'a voir l'importance commerciale des pays qui n'ont été au commencement que des colonies purement politiques. Ils nous presentent le chiffre énorme de 4,482.467.000 francs de monvement commercial.

Quel meilleur argument puis — je vous offrir !

Il est donc bien evident qu'un système coloniale politique n'est pas un obstacle à la richesse mercantile d'une colonie, mais que plutôt au contraire c'est le seul suplème qui en développant la force totale du pays le met à même de se consacrer avec plus d'intelligence et de superiorité à exploiter les sources de richesses qu'il possède. De quelque manière du reste que l'on compare le système politique et le système mercantile, ce dernier restera toujours inférieur au point de vue de la justice et de l'humanité.

Faisons une brève comparaison entre cee deux systèmes comme nous les voyons representés par les deux peuples: les Espagnols et les Anglais. Disons d'abord que ces peuples ne choisissent pas le système qu'ils adoptent et que leurs tendences ne sont pas dûes à leur vouloir car ils y sont contraints par leur nature même et leur idioscyncratie.

Mon but, en faisant cette comparaison, est de faire resortir la difference qui existe entre les deux colonisations et non pour exposer des théories.

Dans la colonisation, comme elle a été entreprise par les deux nations vous voyons avant tout les differences des deux races. La race Espagnole se fond avec l'indigène et forme par ce croisement un peuple tout à fait nouveau. On remarque aussi en elle la très grande facilité avec laquelle elle s'adapte partout. On pourrait dire que pour elle : omne solum forti patria est, ut piscitur equor. La race anglaise au contraire ne s'adapte pas aux changements de sol, elle reste toujours la même on peut dire d'elle : coelum non animum mutant qui trans mare currant.

Pour l'Anglais en Amérique, en Australie et partout, l'indigène n'est non seulement pas un élément de fusion pour sa race; mais au contraire il voit en lui un obstacle à ses plans colonisateurs. Dans les nouvelles contrées où il se fixe il fait une application de l'ancien principe h o s p e s, h o s t i s. Ce principe est tellement instinctif aux Anglais que même Lord Bacon signalait comme idéa[1] de colonisation, comme desidératum, un territoire où il n'y aurait aucune race indigène et que par conséquent on n'aurait pas à les extirper. Mais ceci qui n'a été que l'expression d'un désir, la race anglaise a chercher à le réaliser, le plus possible. L'Anglais ne se lie donc pas aux indigènes, ne se croise pas avec eux et les exclue de la vie coloniale, agissant comme s'ils n'existaient pas et faisant son possible pour que ce soit ainsi.

Ceux qui sont nés dans les colonies anglaises sont aussi anglais que s'ils etaient venus au monde à Londres, et ils en conservent les caractères. La colonisation anglaise donc, sous le rapport de la race est simplement un changement de lieu et non d'idées, et encore moins de sang. La colonisation n'a pas servi à la race Anglo-Saxonne à modifier d'autres races et, sauf les constitutions modifiées des milieux où ils se trouvent, leur nombre reste le même que s'ils n'avaient pas quittés la mère patrie.

Le colon anglais ne fait que se déplacer, sans subir lui-même un changement d'importance. Il emporte avec lui les lois et les droits de sa patrie, le c o m m o n l a w le suit partout. L'Espagnol, au contraire, qui quittait la peninsule, savait qu'il laissait tout derrière lui et qu'à l'avenir il avait à se tenir et à se soumettre aux lois des Indes, ainsi que le faisaient les naturels du pays où il allait vivre.

Il y a cependant des pays où les Anglais se trouvent en face d'un nombre si considerable de naturels, qu'ils ne peuvent pas en ignorer la présence, mais alors en les admettant dans la vie coloniale, ils leurs designent une place inférieure, et mettent entre le conquérant et le conquis une barrière infranchissable. Il y a toujours l'administration de la justice, qui diffère pour les deux races et les tient toujours à part. C'est ce que nous voyons aux Indes Anglaises, dont la colonisation est une des plus grandes anomalies de l'histoire, ainsi que le dit Cotton et Payne. The connection between England an India is a political anomaly that has no parallel in history (Le rapport qui existe entre l'Angletterre et les Indes est une anomalie qui n'a pas son pendant dans l'histoire.)

Si maintenant des races, nous passons à l'examen des systèmes eux mêmes, nous y remarquerons des differences encore plus grandes. La colonisation n'a pas d'autre but que le mercantile. Ceci a toujours été soutenu par les ecrivains anglais et executé par ce peuple. Au dernier sciècle Lord Sheffield disait. The only use of American colonies or West-India islands is the monopoly of their consumption and the carriage of their produce (le seul avantage que nous tirons de nos colonies de l'Amerique et des iles des Indes occidentales, c'est le monopole de leur consomation et du transport de leurs produits.)

Ce système mercantile produit necessairement des privilèges au profit des compagnies auxquelles on livre toute la gestion des colonies et par conséquent les prérogatives de l'Etat.

Dans le système Espagnol cet abandon de la part de l'Etat de ses prérogatives, était tout à fait impossible. Quelques écrivains ont commis l'érreur incompréhensible de

dire, que la célebre C a s a d e c o n t r a c i o n d e
S e v i l l a resemblait aux compagnies des Indes. La
C a s a d e c o n t r a t a c i o n n'etait, Messieurs, qu'un
tribunal, une R e a l A u d i e n c i a , composée d'un
président, six juges, un procureur, un trésorier et un
comptable dont la mission était de juger les litiges,
de régler tout affaire ayant rapport aux Colonies. Ce
tribunal était soumis, en tout, au Conseil Royal des
Indes, et par conséquent aussi à la couronne de Castille.
Rien dans la constitution de cette C a s a ne resemble aux
Compagnies, mais au contraire son existence et ses statuts
sont une autre preuve du soin politique que la couronne
mettait à toutes les affaires coloniales.

Dans le système colonial Anglais, nous voyons l'état
abandonner ses plus hauts droits au profit de Compagnies
d'exploitation qui devaient, par leur nature même, exagerer
la tendence mercantile du système. Il sera donc impossible de trouver dans l'histoire des Colonies Anglaises des
principes politiques et bien moins encore des propos aussi
élevés que ceux contenus dans l'ordonnance de Charles V,
que j'ai en l'honneur de vous lire.

Nous ne trouvons donc, ni dans la race, ni dans la
legislation du peuple Anglais, ce qu'il faut pour créer de
nouveaux peuples et de nouvelles civilisations. Ses colonies
ne servent qu'à l'exploitation mercantile et ne produs-
sent au point de vue de l'humanité aucun changement.
Si vous voulez me permettre de résumer en un mot les
avantages des deux systèmes, je dirai que, celui des
Anglais realise un progrès t o p o g r a p h i q u e , celui des
Espagnols un progrès p s y c h o l o g i q u e .

Sir Standford Raffles disait : O u r o b j e c t i s n o t territory but trade, („notre but n'est pas la conquête mais le commerce") voilà le système Anglais; nous disons: notre objet (but) n'est pas l'interet mais la civilisation, voilà le système Espagnol.

Nous avons déjà signalé la difference entre les colonies mercantiles et politiques. Nous voulons cependant avant de terminer consacrer quelques remarques au système hollandais.

Ce système, quoiqu'il rentre nécéssairement dans une des deux classes de colonies que nous avons établies, a cependant certains caractères, qui lui sont propres, et qui necessitent une considération speciale.

Dans votre première periode, Messieurs, on n'y voit rien qui ne soit absolument mercantille. Privilèges, monopoles, compagnies tout enfin qui caracterise le système mercantille. Dans la seconde periode, qui commence avec votre grand Van Busch en 1825 on remarque une tendance très singulière et très appréciable. Je ne vous dirai pas, qu'elle soit la base d'un système politique colonial, ni qu'il vous servira à fonder une future civilisation, mais vous réalisez au moins un but philantropique.

Je m'explique: Le Hollandais comme colon ne se mêle pas comme l'Espagnol avec la race indigène du territoire qui lui appartient, mais d'un autre côté il ne le chasse pas et ne l'exclut, pas comme le fait l'Anglais. La cause de ceci est à chercher soit en ce que les colons ne sont pas assez nombreux pour former une race dans la colonie, ou peut-être, et ceci me parrait le plus probable, par raison de son tempérament calme et ses sentiments humanitaires.

Le Hollandais n'est pas l'ennemi de l'indigène mais au contraire il lui facilite la réalisation de toutes ses aspiratious, et l'entoure de tous les moyens nécessaires à son developpement. Toute votre règle de conduite envers les naturels, est contenue dans les mots de votre savant professeur, mon ami, Monsieur Van der Lith: „N u l p e u ple n'a l e d r o i t d'i m p o s e r s e s i d é e s e t s e s i n s t i- t u t i o n s à m o i n s q u'i l n'y s o i t o b l i g é p a r l e s besoins de se conserver, ou à la suite de ces idées élémentaires de morale, qui sont accep- tées par tous dans le monde civilisé.''

Vous respectez avec une ferveur réligieuse les institu- tions des races que vous dominez, et n'osez pas même leur imposer votre côde. Vous procédez avec la plus grande prudence, et vous gouvernez les indigènes par les lois, que vous avez trouvées chez eux. Vous avez ajouté à leurs moyens de vivre, vous avez enlevé les obstacles qui empêchaient leur developpement. En un mot vous avez centuplé les moyens de conservation de l'indigène dans sa lutte pour l'existence. Ainsi il y avait a Java en 1824 un peu audelà de six millions d'habitants et ausourd'hui ce chiffre dépasse vingt millions.

Dans un demi sciècle environ vous avez vu tripler le nombre de naturels de votre principale colonie. Vous avez realisé l'intention noble de Van den Bosch qui a dit en 1831: I k w i l h e t l o t v a n d e n g e m e e n e n J a v a a n v e r z a c h t e n. („J e veux adoucir le sort du sim- ple Javanais.'') L'humanité, Messieurs, doit vous être reconnaissante pour ce que vous avez fait pour une de ses races.

Vous voyez comment j'ai pu qualifier votre système comme philantropique. Votre système serait donc un système modèle pour le peuples colonisateurs, qui n'ont pas les éléments necessaires pour se mêler aux races indigènes.

Si on le considère comme système de civilisation en général, il se prête à toutes les objections que l'on peut faire aux systèmes qui ne sont pas purement politiques, comme le système Espagnol, qui peut par exemple vous présenter ses résultats aux Iles Philipines.

La nature des cette Colonie Espagnole est presque la même que celle de vos possessions dans l'Archipel Malay, et pourtant dans le notre, il n'y a que l'esprit de la civilisation moderne. La langue Espagnole y est universelle, la justice est la même pour tous, et la religion est celle d'un peuple civilisé. Ceci est dû à notre race et à nos lois des Indes.

Vous de votre côté vous avez fait tout ce qu'il vous a été possible, et comme système, et comme technique, vous pouvez être sûrs d'avoir les hommages de tous les hommes impartiaux.

Il y a pourtant un danger dans toute votre colonisation que je crois devoir vous signaler en homme loyal. Vous vous occupez à fortifier la vie d'une plante valetudinaire et exotique, qui se flétrissait, pour céder sa place à d'autres plus fraiches plus vigoureuses. Proches à tomber, vous l'arrosez avec la sève du progrès pour la faire revivre. Que la fortune veuille qu'en gagnant de nouvelles forces, cette plante, dans sa splendeur, ne dessèche pas, sous l'ombre de son feuillage, les frêles tiges, que vous avez transplantées dans ces parages.

Messieurs, me voici à la fin de ma tâche et je vais terminer.

J'ai fait tout ce que j'ai pu pour vous exposer le système de la Colonisation Espagnole. Vous comprendrez que je me sois servi parfois d'expressions un peu trop

enthousiastes ces expressions, vous voudrez bien les par-
donner à quelqu'un, qui est aussi convaincu, que je le
suis, de la grandeur de ce système, et qui a la male
chance de se heurter à tant d'opinions contraires.

En considérant les peuples ainsi que les individus les
vulgaires, ne les admirent, qu'autant qu'ils sont favorisés
par la fortune. Mais une nation, comme la nation espagnole, qui représente avec tant d'éclat le principe colonisateur, aurait-elle des moments d'eclipses, n'en mérite
pas moins d'attirer l'attention de l'historien.

L'Espagne, placée à l'extrême occident de l'Europe,
semble avoir une mission historique, en harmonie avec sa
position geographique. Nous ne savons pas ce que l'avenir lui réserve. Ce n'est qu'à présent qu'elle commence
à sortir de la prostration dans la quelle elle était tom-
bée, par le malheur des temps. Elle regagne le chemin
dans lequel elle a été distancée par les autres peuples de
l'Europe. Elle semble se préparer convenablement, pour
la nouvelle ère, que nous tous voyons s'approcher. Si
c'est ainsi, que Dieu veuille que son influence à cette
époque soit si grandiose et aussi humanitaire qu'elle l'à
été au commencement du moyen age avec sa civilisation
Arabe et au commencement de l'âge moderne, avec la
découverte du Nouveau Monde.

Imprimerie, Roeloffzen & Hübner, Amsterdam.